Correreggio

Antonio Rafael Mengs

Correggio

casimiro

casimiro [*casimiroa edulis*]

Extraído de *Obras de D. Antonio Rafael Mengs*,
   publicadas por Joseph Nicolás de Azara, Madrid, 1797

Diseño cubierta: Rossella Gentile
En cubierta: Antonio Allegri da Correggio, *Júpiter e Ío* (detalle), 1531
   Kunsthistorisches Museum, Viena

ISBN: 979-13-87675-01-1
Depósito legal: M-10470-2025

Hecho en Madrid

ÍNDICE

Noticias de la vida y obras de Antonio Allegri, llamado El Correggio

Compuso Mengs en Florencia estas Memorias sobre Correggio para darlas a los que hacían la Colección de las Vidas de los Pintores *de todas las escuelas; pero no las publicaron, contentándose con sacar de ellas el artículo tan diminuto que se lee en su obra.*

El principal fin de Mengs, después de dar a conocer mejor que lo ha sido hasta aquí en que consiste el mérito del gran Correggio, fue suplir lo que falta en la Vida *que de él escribió Vasari, y corregir sus equivocaciones. Sin embargo de que muchos han creído que Vasari no escribió aquella* Vida *con toda la instrucción e imparcialidad necesarias, Mengs, que lo pensaba así, no quiso meterse demasiado en esta cuestión, y con su moderación ordinaria, se limitó a aclarar bien los hechos sobre que se establece la reputación de Correggio, sin entrar en disputas, ni chocar la opinión y el partido de los que hacen empeño nacional en sostener a Vasari.*

El editor

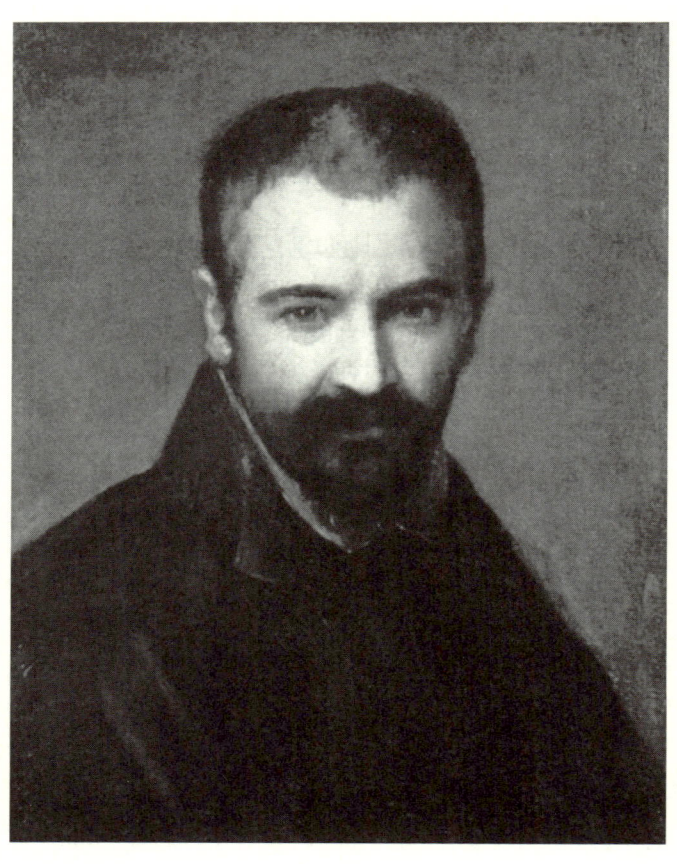

Antonio Allegri da Correggio
(Correggio 1489 - 1534)
Autorretrato (?)

Son muy confusas las noticias que tenemos de la Vida de Correggio. Algunos dicen que nació el año de 1490, y otros, con más fundamento, cuatro años después, en Correggio, o en una casería cerca de allí. Su verdadero nombre era Antonio Alegri; pero él se firmaba y ponía en sus cuadros *Laeti*, latinizando su apellido; y no obstante eso, siempre ha sido, y aun hoy lo es, más conocido por el nombre de su patria Correggio. Dejando aparte quienes hayan sido sus padres, consta solamente que fue dos veces casado, y que de ambas mujeres tuvo hijos. De la primera nació en Correggio Pompeyo, o como otros le llaman Pomponio; y en Parma una hija el año de 1524, y otra el de 1526. El año siguiente tuvo la tercera hija de la segunda mujer.

Sobre el año de su muerte ha habido también dudas; pero consta que murió a 5 de Marzo de 1534, de edad de 40 años. Algunos quieren que fuese pobrísimo y de baja extracción, y otros que rico y de familia noble, y que dejase muy buena herencia a su hijo Pompeyo; pero ni de lo uno ni de lo otro hemos visto hasta ahora monumentos que nos convenzan. Yo creo que los dos extremos son igualmente falsos, y que fue rico a proporción del país donde vivía, y del poco dinero que allí corría en aquel tiempo, como se infiere de la especie de moneda con que sabemos le pagaban sus obras. Los autores que han escrito su Vida le habrán comparado con los Pintores que vivían en las cortes grandes, y ciudades ricas, como Roma, Venecia y Florencia; y habrán tenido razón de compadecer la suerte de Correggio, considerando su gran mérito. Esto, sin embargo, no prueba que no pudiese tener haciendas, y vivir en una filosófica felicidad, contentándose con hacer una vida simple, e igual a la de sus conciudadanos, aspirando a ser mejor, y no más rico que ellos. Lo cierto es que en sus obras no se ve señal alguna de aquella economía ni avaricia que se observa en otros Pintores pobres y deseosos de enriquecerse; pues sus cuadros están pintados en tablas muy buenas, en cobre, o en tela muy fina, y retocados varias veces con mucho cuidado y estudio. Los colores que usaba son de los más finos y difíciles de practicar. Empleaba el ultramar con profusión en los ropajes, carnes y campos, empastándolo todo mucho; cosa que no se ve en ningún otro Pintor. Sus lacas eran de primera calidad, pues vemos que se han conservado hasta nuestros días; y sus verdes tampoco se halla que ninguno los haya usado mejores.

En fin, poco importa que Correggio fuese pobre o rico. Lo que de sus obras se arguye con evidencia es que su educación debió ser muy buena: y parece muy verosímil lo que cuenta el Padre Orlandi, esto es, que Correggio estudió la Filosofía, las Matemáticas, la Pintura,

Arquitectura, Escultura, y toda suerte de erudición, para lo cual conversó con todos los más famosos profesores de su tiempo. De hecho, en sus principales obras se descubre un modo de pensar muy erudito, y aun poético, como por ejemplo en el cuadro de la educación del Amor, donde representó a Venus con alas y con el arco, para dar a entender, que la madre del Amor, que mueve los corazones, tiene origen celestial: y las mismas graciosas alegorías se hallan en todas sus demás composiciones, como lo iremos viendo en la descripción de sus cuadros.

Había en aquel tiempo en Módena una Academia de Pintura y Escultura, según cuenta Vedriani, la cual había producido algunos buenos artífices, y entre ellos a Francisco Bianchi, llamado por sobrenombre *el Frari*, y a Pelegrino Munari, conocido por el *Pelegrino de Módena*. Correggio comenzó a aprender la Pintura con el sobredicho Bianchi; y después pasó a estudiar con Andrés Mantegna. También debió de estudiar la Arquitectura, según se colige de sus obras, en cuya arte adquirió un gusto muy bello y grandioso: y siguiendo la laudable costumbre de aquel tiempo, se aplicó también a la Escultura. Yo no sé si llegó a manejar el cincel en el mármol; pero es cierto que trabajó de plástica o de estuco, pues se conserva todavía en Módena en la Iglesia de Santa Margarita un Descendimiento de Antonio Begarelli, Escultor Modenés, grande amigo de Correggio, en que hay tres figuras de mano de este. Lo que no se sabe de cierto es si Begarelli aprendió la Escultura de Correggio, o este de aquel, o si la estudiaron juntos; pero es seguro que esta fue una de las mejores obras de Begarelli, el cual hizo después otras muchas solo hasta el año 1555. Escribe el citado Vedriani que Begarelli ayudó a Correggio haciéndole los modelos para la célebre obra de la cúpula de Parma: de que se infiere que nuestro Pintor estaba lejos de ser tan pobre como pretenden, pues daba que trabajar, y pagaba un Escultor que en aquel tiempo tenía la primera reputación en Lombardía, y de quien Miguel Angel hacía mucho caso. No por esto pretendo que Correggio haya sido muy rico: cada uno piense lo que quiera; pero lo cierto es que no conozco en el día ningún Pintor que se halle en estado de pagar un buen Escultor que le haga los modelos necesarios para una obra tan vasta como aquella de Parma.

Son muy raras las pinturas en que Correggio puso su nombre, y el tiempo en que las hizo; y así es muy difícil fijar la época en que comenzó a dar obras al público, ni el Estilo de las primeras. Entre los cuadros suyos que de Módena pasaron a Dresde, solo hay uno con su firma, pero sin data, en el cual se distingue el Estilo de sus maestros, como diré más adelante. Tampoco tenemos alguna obra considerable de donde poder indagar por qué camino abandonó la manera seca de sus maestros, y adquirió aquel grandioso y precioso estilo que siguió después.

Ya que nadie nos ha dejado escrito cómo hizo Correggio sus estudios, ni por qué medios se adelantó tanto en la profesión, permítaseme hacer sobre ello algunas conjeturas.

Sabemos que Pelegrino Munari, oyendo la fama que se adquiría Rafael, se propuso venir a estudiar con él, y que abandonando su patria, se vino a Roma. Cuando Pelegrino tomó esta resolución, Correggio estudiaba también en Módena, y debía oír las mismas alabanzas de Rafael y de Miguel Angel. ¿Diremos, pues, que fuese menos estudioso, y menos amante del arte y de la gloria qué Pelegrino? No podrá decirlo quien haya observado las obras de un artífice que desde sus primeros principios era ya superior a sus maestros; que imaginó hacer una mutación tan rápida de su primero a su segundo Estilo: y que no contento con ser ya igual a muchos hombres grandes, y superior a cuantos había en su patria, abandonó sin embargo aquel Estilo, y emprendió, por medio de nuevos estudios, y de la más profunda meditación, mudar cuasi el arte de la Pintura. Esto supuesto, yo me inclino a creer que Correggio vino a Roma, y que vio y estudió las obras de Rafael, y aun más las de Buonarroti; pero que siendo de un carácter dulce y modesto, y ocupándose únicamente en el estudio de su arte, huiría de las diversiones que procuran las compañías, y de hacerse conocer de los demás Pintores; y que por consiguiente no se sujetó al

Estilo de ninguno, ni se hizo imitador de nadie; sino que tomó lo bello que descubrió en cada uno.

Alguno me dirá que no se sabe que Correggio viniese jamás a Roma; pero yo responderé que el no saberlo no prueba que no hubiese venido; pues frecuentemente vemos que de muchos hombres no se sabe lo que han hecho hasta que han adquirido cierta reputación; y por lo común solo se suelen conocer en Roma los Pintores que trabajan en esta capital, y no los que como forasteros, y con el solo fin de estudiar, vienen aquí. Es probable que Correggio fuese de este número, como yo me inclino a creerlo, y además tengo otras razones que diré adelante.

Me parece increíble que Correggio no fuese estimado en su patria y en los países vecinos, como algunos quieren darnos a entender; pues vemos que a él se encargaban las obras más importantes de su tiempo. La primera cúpula que se ha pintado fue la de San Juan de Parma, y fue Correggio el Pintor que la finalizó el año de 1522. La segunda fue la de aquella Catedral, y también la pintó él mismo el año 1530: de que se infiere que era reputado por el primer Pintor, pues se le encargaban las mayores obras; y si no se hubiera hecho mucho honor con la primera, no es regular que le hubiesen encargado la segunda, y habrían buscado otro Pintor; pues no faltaban entonces en Venecia hombres de gran mérito, y aun en la misma Lombardía. A esto se añade lo que dice Ruta, que cuando

Correggio acabó la sobredicha cúpula se le dio el resto de su precio, que fueron ciento y setenta escudos de oro, en moneda de cobre: que habiendo llevado esta suma acuestas a su patria, se acaloró, y le resultó la enfermedad de que murió de cuarenta años y siete meses; y que fue enterrado en el claustro del convento de San Francisco. Según esta noticia el precio que se le dio por pintar la cúpula debió ser mucho mayor que este resto; porque en una obra tan grande como aquella era regular, y casi necesario, haberle suministrado otras varias cantidades en el curso de ella. Siendo esto así, no pudo ser tan mal pagado Correggio, como también quieren decirnos, si se consideran el tiempo, el país, y el valor que entonces tenía la moneda, y si se coteja con lo que dieron a Rafael (que fue el Pintor más bien pagado de su siglo) por las estancias del Vaticano, que fue mil y doscientos escudos de oro por cada una.

A esto se puede juntar lo que dice Vasari, y es, que queriendo el Duque Federico de Mantua regalar dos cuadros a Carlos V con motivo de su coronación, que se hizo en Bolonia el año de 1530, escogió a Correggio para que los pintase. Siendo esto así, no podía menos de ser un profesor muy estimado, cuando el Duque, que era Príncipe muy instruido, le prefirió a un Julio Romano que tenía a su servicio, y cuando sabía que el Emperador tenia a su disposición a Ticiano: lo que arguye, que queriendo dar más precio a su regalo, eligió a Correggio para satisfacer mejor al gusto de aquel Monarca.

De todo lo dicho se concluye, que aunque las noticias de la vida de Correggio sean tan inciertas y confusas, se puede asegurar con todo eso que tuvo una óptima educación, que aprendió todo cuanto convenía aprender para su profesión, y que sus cuadros son producciones de un espíritu elevado, delicado, e instruido; pues quien sepa el arte, o quien la conozca no más, no podrá dejar de convenir en que sin las referidas cualidades era imposible que Correggio hubiese hecho obras tan insignes. Si no fue rico, tuvo seguramente un pecho muy generoso para pintar con tan poca economía como pintó: y también me parece cosa demostrada que llegó a ser muy estimado y honrado. En fin, importa muy poco que fuese noble o plebeyo, rico o pobre, cuando consta que fue un gran Pintor, y que con sus obras nos enseña, e incita a seguirle. Para esto he juntado todas las noticias que he podido de sus pinturas que voy a describir; y aunque tal vez habrá otras que yo no sé, bastarán estas para dar idea de lo maravilloso de aquel talento, que en tan corta vida supo hacer tantas obras con tal estudio, amor, y delicadeza, y tan acabadas; pues solo para pensarlas con tanta meditación parece que no bastaba el tiempo que vivió.

En Francia había algunos cuadros del más bello estilo de Correggio, y entre ellos los dos que el Duque de

Mantua regaló a Carlos V, los cuales compró el Duque de Orleáns de los herederos del Duque de Braciano, y representan una Leda y una Dánae. Dicho Emperador llevó estos cuadros a Praga, y los colocó en aquel palacio, donde estuvieron hasta la famosa guerra de treinta años, cuando bajo Gustavo Adolfo fue sitiada y saqueada aquella ciudad por los Suecos, que tomaron estos cuadros, y los llevaron a Estocolmo. Muerto aquel Rey, quedaron desconocidos en la menor edad de la Reina Cristina; hasta que un Embajador, que sabía la historia de aquellas pinturas, preguntó por ellas: con cuyo motivo se buscaron, y hallaron que servían para tapar un hueco de una caballeriza, habiendo puesto los lienzos en dos bastidores para aquel fin. Hallados que fueron se acomodaron como se pudo, y aquella Reina los estimó como merecían y habiendo renunciado el Reino, y venido a establecerse en Roma, los trajo consigo como cosas preciosísimas, y obtuvo del Papa licencia preventiva para que se pudiesen extraer de aquel Estado siempre que ocurriese. Después de la muerte de Cristina pararon dichos cuadros, entre otras muchas alhajas preciosas que fueron suyas, en poder de Don Livio Odescalchi. Aquel Caballero las tuvo en mucha estimación mientras vivió; pero sus herederos las vendieron, comprando las estatuas Felipe V, Rey de España, y las pinturas el Duque de Orleans, Regente de Francia: del cual vinieron a manos del padre del actual

Duque, que por principios de rigorismo las hizo despedazar en su presencia, para que no le engañasen, y al mismo tiempo hizo quemar la cabeza de la Io (otro cuadro de Correggio), porque le parecía la más expresiva. Carlos Coypel, primer Pintor del Rey de Francia, recogió los pedazos de lo restante de esta figura; y muerto este, otro Pintor Francés la hizo nueva cabeza. En esta disposición adquirió el cuadro un Asentista general, de quien le compró el Rey de Prusia por un crecido precio. Dicen que la Leda tuvo la misma suerte que la Io; y si la Dánae se conserva todavía, está tan escondida, que no sé que nadie haya llegado a verla.

El cuadro de la Leda es más una alegoría que una fábula. La figura principal representa una mujer con un cisne entre las piernas, que con el pico parece que se quiere acercar a su boca. Está asentada junto al agua, en que tiene puesto un pie. Como la fábula supone que Júpiter se transformó en cisne para gozar de Leda, este cuadro se ha llamado siempre de su nombre. Más allá de esta figura se ve una muchacha todavía no formada, que con aire de inocencia se procura defender de otro cisne que la acomete metido en el agua, donde la muchacha tiene también las piernas. Al lado de esta hay otra joven, ya mujer formada, que se hace vestir de una criada, y mira con atención otro cisne que vuela, mostrando alegría y satisfacción en el semblante; y parece que ha partido el ave de donde ella está; más allá se ve una media figura de mujer un poco adelantada en años, vestida, y con semblante un poco triste, que con la acción muestra dolor. A la otra parte de la figura principal hay un Cupido grande, que con mucha gracia toca una lira hecha a la antigua, y dos Amorcitos que con varios cuernos han hecho un instrumento que están tocando. Todo se ve expresado con aquella Gracia de que solo Correggio era capaz. El campo es una selva de frondosos árboles de varias especies, ocupando la parte anterior un pequeño lago de agua pura que parece un cristal, el que se va extendiendo hacia la parte del cuadro donde están las mujeres que he dicho. Todo es amenísimo, y representa una poesía pintada, que tiene por objeto los varios casos del amor.

El otro cuadro de la Dánae representa claramente aquella fabula, pero con espíritu verdaderamente poético. Se ve aquella doncella graciosamente echada sobre el lecho. Un Cupido grande, o llamémosle Himenéo, sostiene con una mano la orilla de la cubierta o sábana que la cubre el medio cuerpo, donde recibe la lluvia de oro en que se transforma Júpiter; y con la otra mano le muestra la belleza de aquellas gotas, que ella mira con complacencia y gusto muy expresivo. A los pies de la cama hay dos Amorcitos en pie, que jugando, ensaya el uno de ellos en una piedra de toque el valor de una de aquellas gotas, y el otro la punta de una saeta; y este parece de carácter mucho más robusto que el otro, para mostrar, sin duda, que el amor proviene de la flecha, y su ruina del oro. Este cuadro es todo Gracia: el Himenéo tiene la fisionomía más feliz que se puede imaginar, y toda la figura está diseñada con tal elegancia, que ningún moderno ha pasado más allá. El claroscuro sorprende, y no obstante que el cuerpo está en parte poco iluminado, queda tan claro y reflejado, que no se conoce que aquel cuerpo esté a la sombra, la cual sin embargo es fuerte; pero esto mismo da mayor relieve a los muslos que reciben la luz, en especial el izquierdo, que hace parecer la figura separada del cuadro. La cabeza de la Dánae está hecha imitando la de la Venus de Médicis, y tiene la misma cabellera. Correggio añadió solamente la expresión necesaria al asunto, y un carácter un poco más joven.

El cuadro de la Io es bellísimo, y la figura está representada de espaldas, para evitar lo demasiado escandaloso del acto, si se viese de cara; y como representa a Júpiter transformado en nube, de cualquiera otra manera habría quitado toda la Gracia a la figura; por lo que no es posible pensar mejor un asunto semejante. No digo nada de la expresión, porque si tiene algún defecto es el de ser demasiado perfecta y significante, pues así en la cabeza como en las espaldas, en una mano y en los pies, que son las partes que se ven, no se puede expresar con más calor aquel acto lascivo. Después de haber desempeñado Correggio las partes de Pintor, añadió las de Poeta, figurando en el campo un ciervo, que en acto de beber, muestra toda el ansia de satisfacer la sed, y el ardor del amor.

De este cuadro hay una repetición en la galería de Viena, al cual acompaña otro de la misma grandeza, en que Correggio representó el rapto de Ganímedes: obra llena de Gracia, con un bello país en el fondo, que exprime los objetos como si se vieran desde un alto monte. Allí se ve el perro de Ganímedes, que verdaderamente parece que se estira en el acto de querer seguir con ansia a su amo.

En la misma herencia de Don Livio Odescalchi había un Cupido visto de espaldas, de edad juvenil, que está haciendo un arco de un pedazo de caña apoyándola sobre dos libros. Detrás se ven dos niños de medias figuras que están como luchando: el uno de ellos ríe, y el otro llora; y parece que representan el amor feliz, y el desgraciado. Todos estos cuadros estaban en la galería del Duque de Orleans, y provenían de la referida herencia Odescalchi: y además había otro, que por ser en todo semejante a uno que he de describir después, dejo de hablar de él ahora, diciendo solamente que representa a Venus, con Mercurio, que enseña a leer a Cupido.

El Rey de Francia posee otro cuadro que representa el desposorio de Santa Catalina, de poco más de medias figuras del natural, con un San Sebastián, y el martirio de estos dos Santos a lo lejos. Esta pintura ha sido siempre muy estimada, como se deja conocer por las muchas copias que se han hecho de ella, y algunas por Pintores famosos. La regaló, con las otras dos de que voy a hablar, el Cardenal Antonio Barbarini al Cardenal Mazarini, y tienen la particularidad de estar pintadas al temple en tela, siendo las figuras de cuatro palmos de alto. Ambas contienen asuntos simbólicos o poéticos, representando la una la Virtud, y la otra el Vicio. En la primera se figura la Virtud sentada y armada. A un lado tiene una figura que representa juntamente las cuatro Virtudes Cardinales, con sus símbolos del freno, la espada, la piel de león, y una sierpecilla enlazada en los cabellos. A la parte opuesta hay otra figura que con un compás en una mano mide un globo, y con la otra señala el cielo, por medio de la cual quiso significar las Ciencias; esto es, el conocimiento de las cosas celestes y terrestres. Encima vuelan algunas figuritas de jóvenes, una de las cuales parece la Victoria que corona a la Virtud, y otra la Fama que la hace conocer. Todas las cabezas son maravillosas por la Gracia, y lo mismo todos los movimientos de las figuras. De este mismo cuadro hay una repetición no concluida en la galería del Príncipe Doria en Roma. El cuadro compañero de este representa al hombre vicioso atormentado de sus pasiones, halagado del placer, aprisionado por la costumbre, y arrepentido por la conciencia.

En Roma hubo otro cuadro octangular, donde Correggio repitió las dos figuras de la Ciencia y de la Virtud que contiene el cuadro penúltimo que he descrito. En medio pintó un escudo de armas con algunas estrellas, y después hizo encima una especie de campo; pero no dejaba de conocerse lo que había pintado antes. Este cuadro fue vendido a un mercader de Berlín, adonde fue a parar.

He oído que en la dicha galería del Duque de Orleans hay un cuadrito, que dicen sirvió de muestra en una hostería, en que hay pintado un arriero con sus mulas, y que es seguramente de Correggio.

La primera obra que este grande hombre pintó en Parma fue a fresco la cúpula de la Iglesia de San Juan de Padres Benitos, y las cuatro pechinas, y asimismo la tribuna sobre el altar mayor. La cúpula no tiene linterna, esto es, abertura en el centro, ni ventana alguna a los lados. Representa en medio a Cristo en su gloria suspendido en el aire, con los doce Apóstoles debajo sentados sobre nubes. A estos los representó desnudos, y con un Estilo tan grandioso que pasa la imaginación; y no obstante eso las formas son hermosísimas, y sirvieron de modelo a los Carracci, y en particular a Ludovico, en cuyas obras se conoce que se propuso imitarlas. Quien examine con cuidado esta pintura se inclinará a creer que Correggio vio las obras de Miguel Angel.

En las pechinas representó los cuatro Evangelistas, con los cuatro Doctores de la Iglesia, en los cuales parece quiso seguir un Estilo semejante al de Rafael, como se conoce en la simplicidad de los vestidos, y en las posturas y acciones, habiendo empleado la misma del Sócrates de la escuela de Atenas, y la de uno de los oyentes de la predicación de San Pablo al Areópago, que está en uno de los tapices de Rafael. Los que quieran asegurarse de esto, y no puedan ver las pinturas, podrán satisfacerse viendo las estampas de ellas grabadas por Giovanini. Mucho más parece de Estilo Rafaelesco un San Juan que pintó Correggio a fresco sobre la puerta de la sacristía de esta misma Iglesia, particularmente en el carácter de la cabeza, la cual, si se hallase sola sobre una pared, cualquiera la tomaría por de Rafael más que de Correggio.

La tribuna que he dicho pintó Correggio en la Iglesia de San Juan fue derribada cuando los Monjes alargaron el coro; pero hallándose entonces en Parma Anibal Carracci, se valieron de él para sacar copias de todo con las mismas medidas; y acabada la nueva tribuna, la hicieron pintar por ellas a Cesar Aretuci. La Casa Farnese compró las copias de Carracci, y hoy están en el Museo de Capodimonte en Nápoles. El grupo principal que representa nuestra Señora coronándola Jesucristo, fue aserrado de la pared, y se conserva en la librería del Señor Infante Duque de Parma. Otros pedazos paran en manos de diversos particulares, y de ellos hay tres en Roma en casa del Marqués Rondanini, los cuales llenan de maravilla a quien los mira de cerca, considerando con qué excelencia y facilidad están ejecutados. Esta obra, según Ruta, fue concluida el año 1522.

En la misma Iglesia se admiran dos cuadros de Correggio, que están a los dos lados de la quinta capilla a mano derecha. El que está colocado mirando al altar representa el martirio de San Plácido y Santa Flavia con otros Santos. Aunque todo el cuadro es bellísimo, llama la atención particularmente la expresión de la cabeza de la Santa; pues mientras el verdugo la traspasa el pecho con un estoque, mira ella tan amorosamente al Cielo, que muestra cuidarse poco del martirio. En el cuadro de enfrente -está Jesucristo muerto, con la Virgen desmayada sostenida por San Juan (la cual se ve que padece todos los afanes de la muerte), y la Magdalena llorando a los pies del Señor con una expresión que no se puede ver cosa más bella. Estos, dos cuadros están pintados en tela gruesa de servilletas, y son de bellísimo colorido, muy empastados, de gran fuerza, y parecen hechos después que la cúpula, porque son de un Estilo más delicado, bien que no tan acabados como otras obras del mismo Correggio que hay en Parma. Sin embargo, Anibal Carracci hacía gran caso del último de estos dos cuadros, porque en cuantos él hizo de aquel asunto tomó la misma invención;

y en general parece se aplicó más al Estilo de esta obra, que no al más sublime que usó Correggio en otras. Es natural que lo hiciese porque esta era más fácil de imitar; pero es un poco pálida y hosca.

En la Iglesia que fue de Padres Roquetinos, en la primera capilla, entrando a mano izquierda, hay el cuadro del altar pintado en tabla por Correggio de la más bella y acabada manera. Representa el viaje de Egipto; y como la Virgen tiene en la mano una escudilla, es conocido el cuadro por la Virgen de la escudilla. Correggio solía emplear ideas poéticas, tanto en los asuntos sagrados, como en los profanos; y así hizo en este cuadro una figura que no es de Ángel, la cual vierte en la taza o escudilla que tiene la Virgen el agua de un vaso. Parece que así quiso personificar la fuente, a la manera que los antiguos figuraban las fuentes y ríos; pero sin hacer una Ninfa, ni otra cosa profana. En el último plano del cuadro, y en el lugar más apartado hay un Ángel que parece está atando el jumentillo, con tal expresión y gracia, que tal vez es demasiada para aquél ministerio.[1]

En la Iglesia de la Anunciación de la misma ciudad, al lado izquierdo entrando, hay pintado a fresco el misterio

---

1. Un aprendiz de Pintor Español arruinó este prodigioso cuadro; pues habiendo obtenido por empeño licencia para copiarle habrá trece años, le dio tan bárbara lavadura, que apenas dejó color sobre la tabla.

de la Encarnación; pero está muy maltratado, por razón de que le pintó en otro sitio, y, habiéndose demolido la pared, fue transportado adonde está ahora; y en semejantes casos sucede siempre que con el nuevo húmedo y sales de la cal se forma sobre las pinturas a fresco una especie de tártaro que las cubre, y hace parecer borradas.

En la Iglesia de la Virgen de la Escala hay de Correggio el cuadro a fresco de la Virgen con el Niño en brazos, de media figura, pero muy ahumado, y casi perdido.

El célebre cuadro de Correggio que hoy se admira en la Academia de Parma estaba en la Iglesia de San Antonio del Fuego. El elogio que hizo de él Aníbal Carracci, que se puede leer en una Carta suya impresa entre las Pictóricas que publicó Monseñor Botari, debería bastar, por ser de un Pintor tan inteligente; pero la obra en sí mueve de modo a quien la mira, que no es posible dejar de hablar de ella con particular afecto. Este cuadro, pues, fue hecho, como otros muchos, a devoción de alguno que quiso varios Santos juntos sin que formen una historia o asunto particular. No por esto se deben acusar de anacronismo los Pintores ni los aficionados; porque tales pinturas se supone que representan especie de visiones espirituales, en que místicamente se juntan varios Santos, con quienes el que manda hacer la obra tiene particular devoción. Así en este cuadro está representada con suma excelencia la Virgen Santísima con el Niño: a un lado San

Jerónimo con un libro, como si presentase a Jesús sus escritos; y entre este Santo y el Niño hay un Ángel en acto de señalar en dicho libro algún paso de la Escritura, y habla con San Jerónimo muy risueño. La figura de este santo Doctor está desnuda, a excepción de una especie de faja morada, y un paño rojo que le cubren un poco; pero dejan ver las espaldas, el brazo derecho y la pierna. Todo ello es bellísimo, perfectamente diseñado, con inteligencia de la Anatomía, y de un colorido maravilloso. A la parte opuesta se ve la Magdalena, que con la mano derecha toma el pie izquierdo del Niño, que parece quiere besar, volviendo la cara como para acariciarle con tanta gracia, que solo Correggio era capaz de imaginarla. Detrás de la Magdalena hay otro Ángel oliendo un vaso, para significar la ofrenda del ungüento de la Magdalena a Cristo. Entre las bellas pinturas de Correggio ésta es casi la más bella; y solo se le pueden comparar la Magdalena pequeña, y la famosa Noche, de que hablaremos más adelante. En cuanto a la manera con que está ejecutada, es de notar que tiene un empasto y una grosez de color que no se ve en ninguna otra, y al mismo tiempo se advierte una limpieza, que es muy difícil de conservar usando tanto color. Pero lo más dificultoso en este género de pintura tan empastada es la variedad de las tintas, y el ver que parece que los colores no se han puesto con los pinceles, sino como si los hubiesen derretido a manera de cera en el fuego. Aunque el todo de este cuadro es maravilloso, la cabeza de la Magdalena excede en belleza a lo restante, y se puede decir que el que no la ha visto no sabe adónde puede llegar el arte de la Pintura; pues en ella se halla la precisión y expresión de Rafael, las tintas de Ticiano, el empasto de Giorgione, aquella verdad y característica exactitud que se ve en las pequeñas variedades de formas y tintas de los retratos de Van Dijk, lo espacioso de Guido [Reni], y lo alegre de Pablo Veronés; pero todo se presenta a la vista con aquella ternura y delicadeza, que solo alcanzó el gran Correggio, y que ningún otro ha llegado a imitar, ni menos a copiar; pues las copias que de este cuadro han hecho aun los mayores Pintores son, comparadas al original, como el fuego parangonado al sol.

La cúpula de la Catedral de Parma, en que Correggio representó la Asunción de la Virgen, es la más hermosa de todas las cúpulas que se han pintado antes o después de aquel profesor; pero ahora está tan ahumada y maltratada que apenas se puede distinguir su excelencia. Su figura es octangular, disminuyéndose los ángulos al paso que se levantan. Es cerrada, sin linterna, y en su lugar está pintado con violento escorzo Jesucristo que viene a encontrar a su Madre. Más abajo hay muchos Santos y Santas, todos escorzados maravillosamente, y después viene el principal grupo de la Asunción de nuestra Señora, llevada por muchos Ángeles, algunos de los cuales sostienen sus vestidos, y otros tocan varios instrumentos. Todo esto no ocupa más que la mitad superior de la cúpula. En la inferior hay ventanas casi redondas; y por eso Correggio fingió una especie de zócolo que gira alrededor como alejándose, y deja lugar para que entre las ventanas quepan los Apóstoles que están puestos a uno y a dos; y no obstante que algunos caen sobre la misma línea de los ángulos, se hallan tan bien colocados y escorzados, que no ofenden nada la vista, y parecen plantados perpendicularmente sobre la cornisa. Sobre dicho zócolo hay repartidos varios jóvenes a manera de Ángeles, pero sin alas, que encienden algunos blandones, y otros están con incensarios y vasos: de manera que todos ellos unen la composición inferior con la superior, porque son de proporción menor que los Apóstoles y que la Virgen, formando todo una admirable variedad de grandioso y de ligero. En los cuatro ángulos o pechinas figuró como cuatro grandes conchas, que contribuyen mucho al buen efecto, porque suponiendo que la luz viene de la abertura que se finge arriba, y que deja la parte superior de dichas conchas obscura, ilumina al contrario las figuras, haciendo contraposición a las sombras del campo. En estos cuatro ángulos pintó Correggio cuatro Santos protectores de la ciudad, Santo Tomás, San Hilario, San Bernardo y San Juan Bautista, sentados sobre nubes, y acompañados de Ángeles, que sostienen, o juegan con sus atributos. En toda esta obra, y particularmente en las pechinas hay cuanta gracia se puede imaginar, y la mayor inteligencia del clarobscuro; y si se considera estar todo pintado a fresco, se aumentará mucho más la maravilla. Se sabe que Correggio hizo modelos de relieve de todas las figuras que pintó en esta cúpula, y que para ello le asistió su amigo Begarelli: único medio con que se podía ejecutar aquella obra con la perfección que está ejecutada. Fue la última que pintó, y la que mayormente le caracteriza por el profesor más singular que ha existido.

En Módena hubo en otro tiempo tesoros del Correggio; pero pasaron a Dresde cuando el difunto Duque de Módena vendió todas las mejores pinturas de su galería al Rey de Polonia Augusto III, que le compró cien cuadros por el precio de ciento y treinta mil cequines hechos acuñar de propósito en Venecia.

Entre ellos había seis de Correggio. Los cinco son de los más bellos que hizo; y el sexto, sin embargo de ser inferior, es precioso, porque nos hace ver en qué estado se hallaba la Pintura cuando aquel profesor vino al mundo. Es una tabla grande con figuras de tamaño del natural, que representan a la Virgen con el Niño, sentada sobre una especie de trono en medio de un cuerpo de Arquitectura de orden Jónico, y de carácter bastante grandioso, que finge un arco detrás de la Virgen, donde hay un poco de gloria, con cabezas de niños, y dos de ellos enteros

31

figurando Ángeles, pero todos sin alas. De la una parte están San Juan Bautista y Santa Catalina, y de la otra San Francisco y San Antonio de Padua. Esta obra subsiste muy conservada, y es de mucha fuerza; y aunque tiene un poco de dureza en los contornos, es no obstante mórbida y bien pintada en las partes interiores de las figuras. El colorido es verdadero y jugoso, de un Estilo medio entre el de Pedro Perugino, y Leonardo de Vinci; y en particular la cabeza de la Virgen se acerca mucho al Estilo y carácter de este último, especialmente en la sonrisa de la boca y mejillas. Los pliegues tienen algo del Estilo de Mantegna, esto es, de aquel modo de fajar los miembros; pero son menos secos y más grandiosos. La composición está hecha con todas las buenas razones de variedad y contraste; y en suma, si Correggio se hubiese mantenido en este Estilo, le bastaba para igualarse en mérito a Girlandaio, Bellini, Mantegna y Perugino; pero los obscureció a todos con el nuevo Gusto con que perfeccionó el arte.

Parece que Correggio no abandonó su primer Estilo seco poco a poco y por grados, sino que en un instante saltó de él al perfecto; pero yo no sé con certeza en qué consistió esto, y las conjeturas que he formado las expondré en otro lugar.

En la misma colección hay un retrato de media figura pintada en tabla de un hombre que tiene un libro en la mano. Mientras estuvo en Módena este retrato se conocía

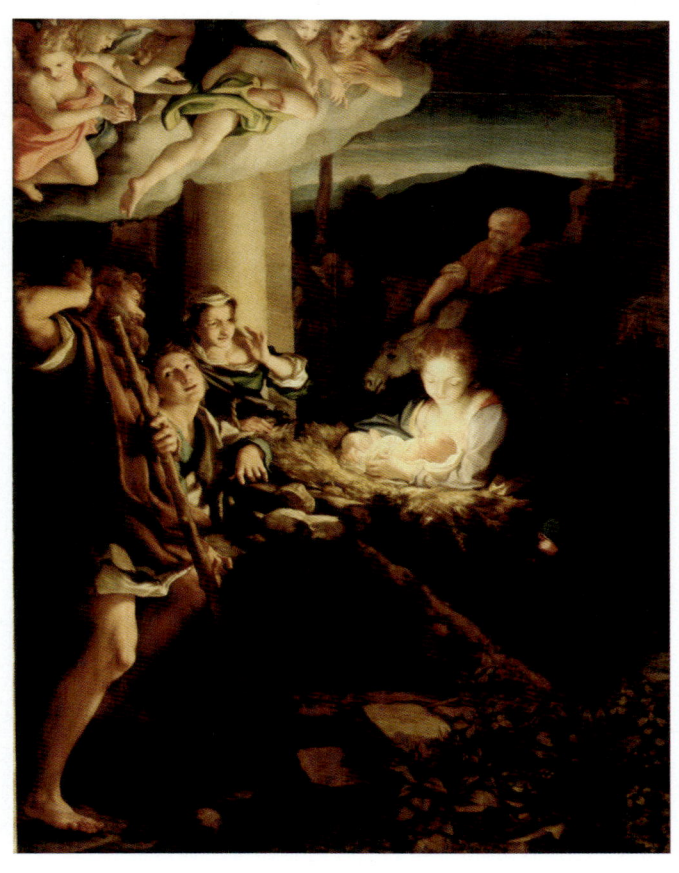

Adoración de los pastores - La Noche, 1529-1530
Gemäldegalerie Alte Meister, Dresde

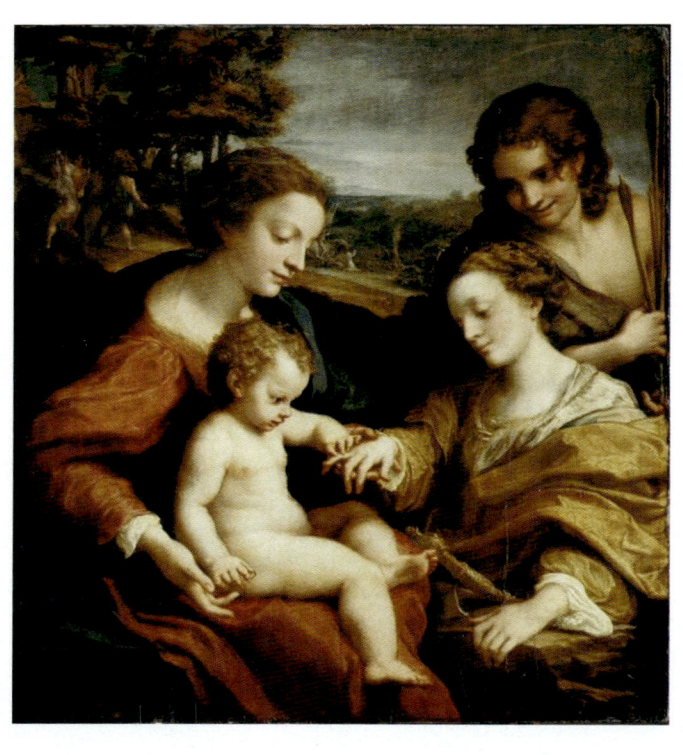

Desposorios místicos de Santa Catalina, c. 1526
Musée du Louvre, París

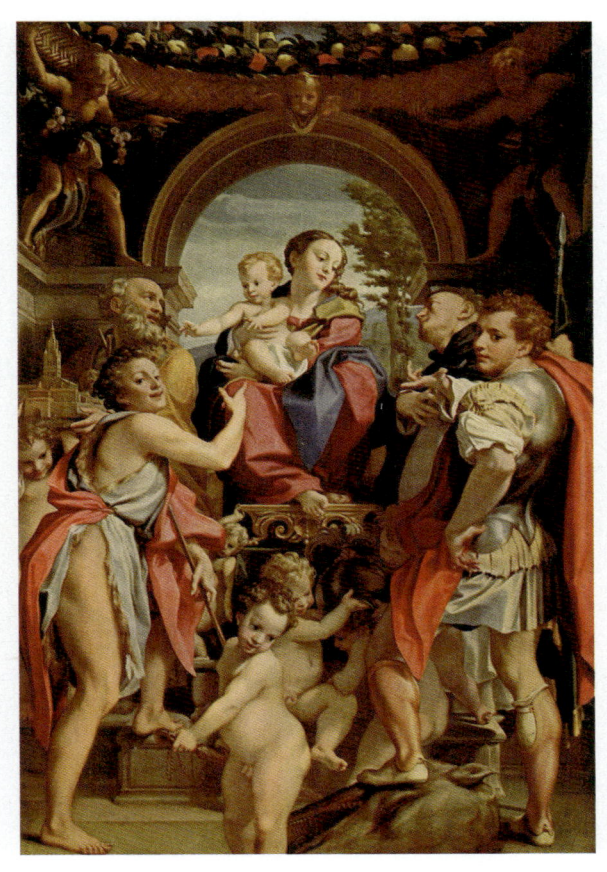

La Virgen de San Jorge, c. 1530
Gemäldegalerie Alte Meister, Dresde

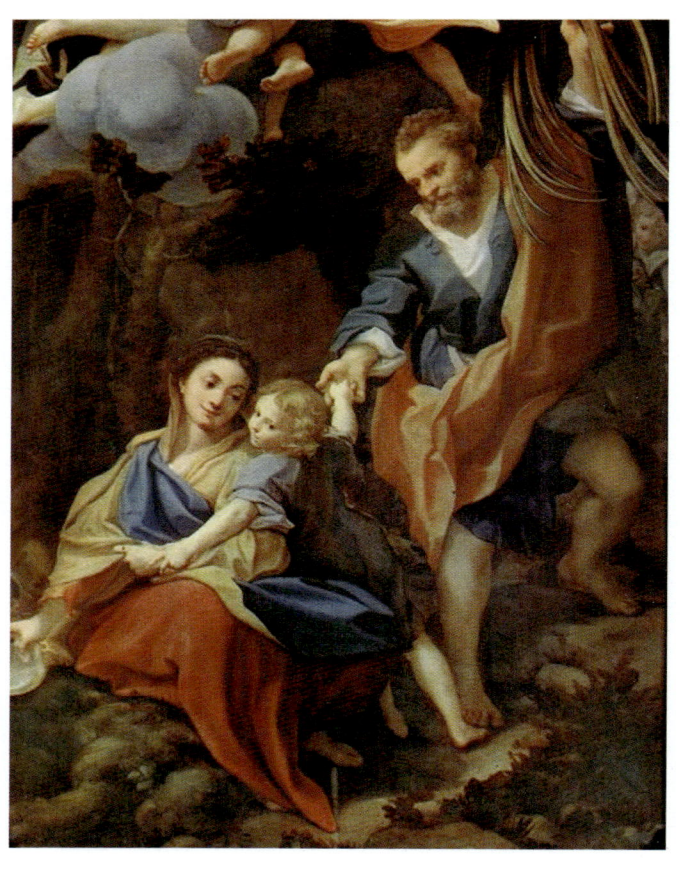

Virgen de la escudilla (detalle), 1528-1530
Galleria Nazionale, Parma

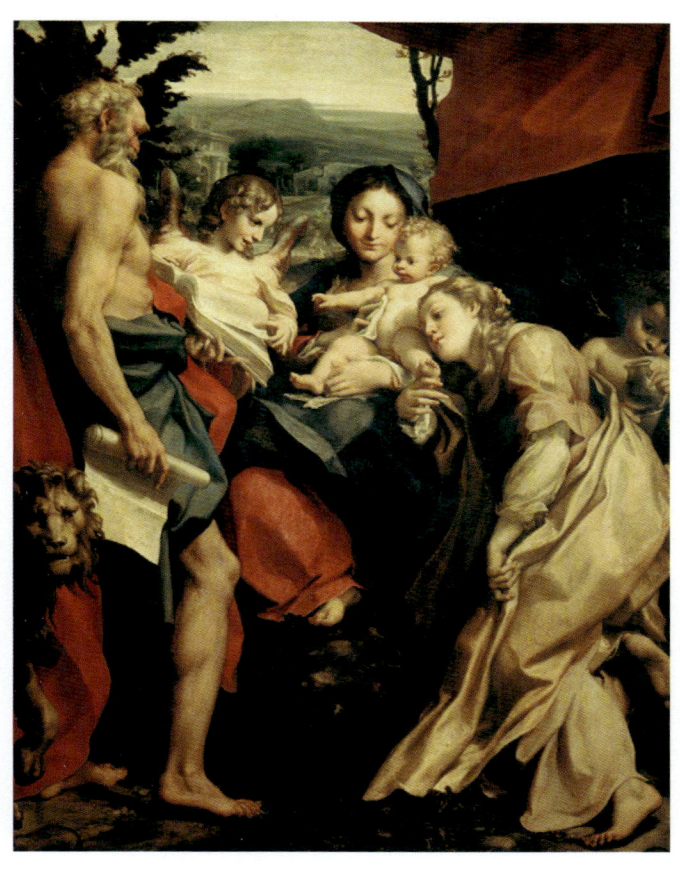

La Virgen de San Jerónimo (detalle), c. 1528
Galleria Nazionale, Parma

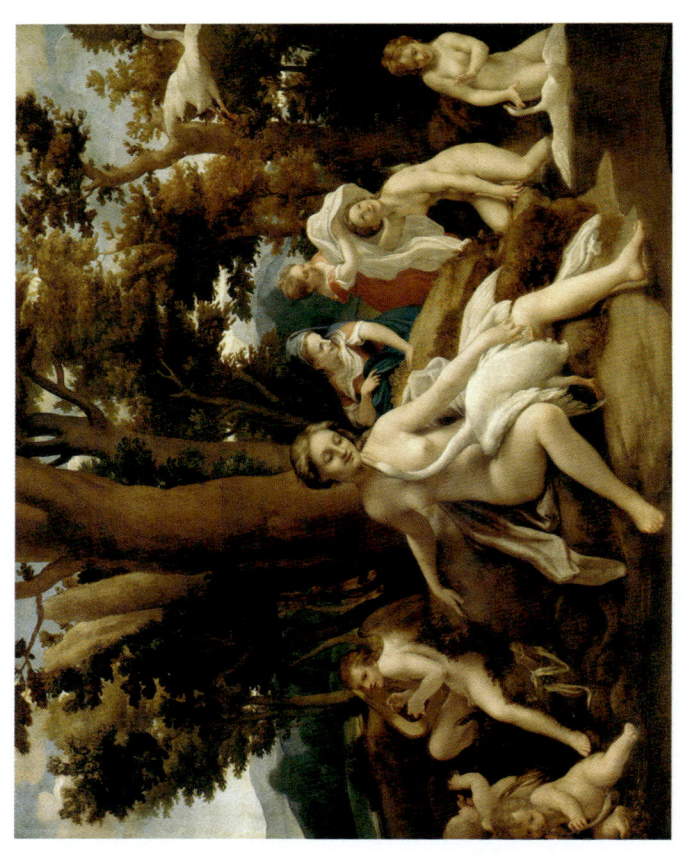

Leda con el cisne, 1531-1532
Gemäldegalerie, Berlín

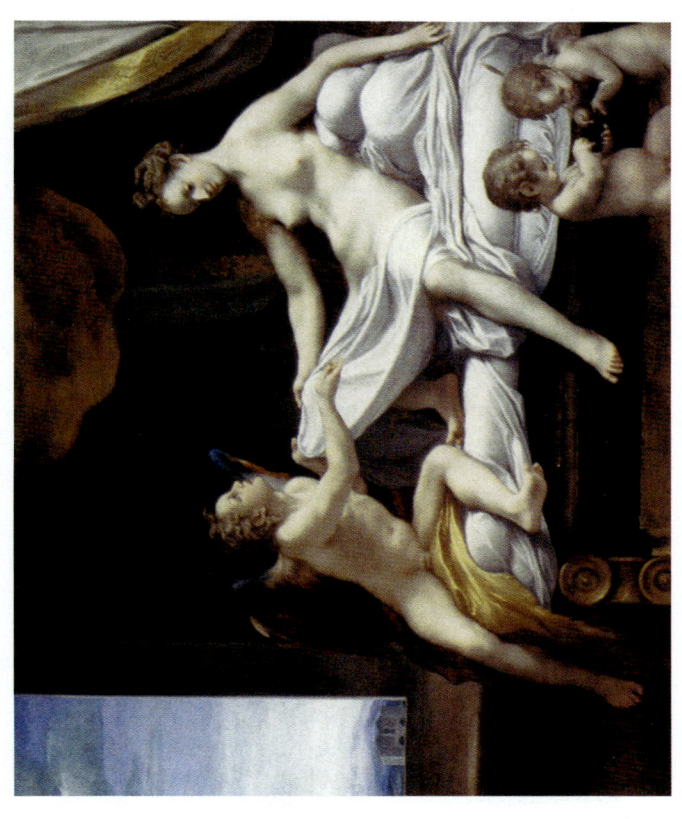

Dánae, 1531
Galleria Borghese, Roma

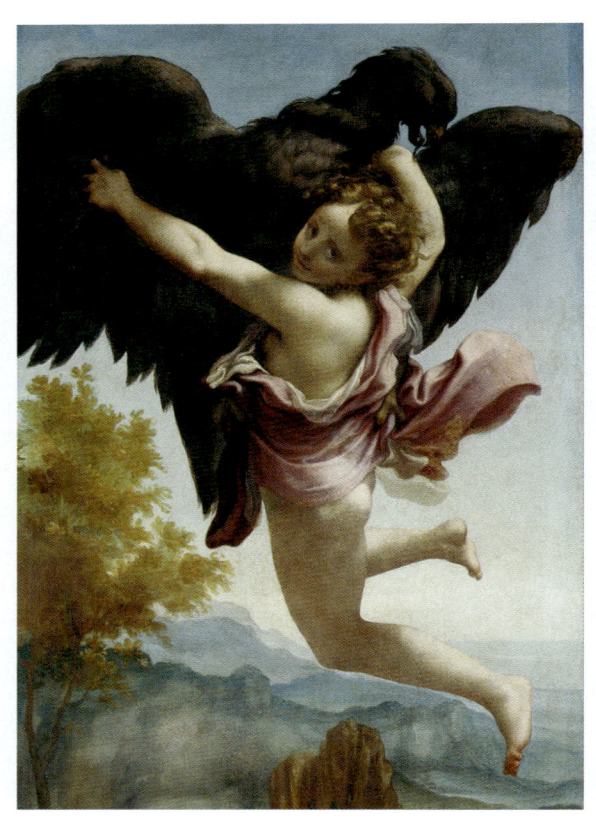

El rapto de Ganímedes (detalle), 1531-1532
Kunsthistorisches Museum, Viena

por el Médico de Correggio. El colorido y el empasto son muy bellos; pero me inclino a creer que fue pintado contemporáneamente a la cúpula de San Juan, cuando el autor no había aun hecho todo el estudio que hizo después en las formas menores, y en la variedad de tintas. Para dar una idea del Estilo de este cuadro, yo le compararía al de Giorgione, pero más pálido, y de menos buen color; bien que de igual empasto, y un poco más limpio.

El tercer cuadro que hay en la galería de Sajonia se conoce por el San Jorge, y en él se ve la grande aplicación y estudio con que Correggio trabajaba para adelantar siempre más y más en el arte. Esta obra se hizo para la cofradía de San Pedro Mártir de Módena, según dice Vasari, y tenía un cuerpo de Arquitectura pintado en la pared al rededor del cuadro, como lo demuestra el diseño original que poseía en París el señor Pedro Mariete. Es obra extraordinariamente acabada, y de gran morbidez y empasto, y el todo de ella gustosísimo. Su composición está toda interrumpida: las figuras tienen muy bellos movimientos, y el diseño es de carácter grandioso. Los ropajes son muy estudiados, y todo está ejecutado con grande amor. Se conoce que Correggio tomó todas las partes del natural, y que además las puso en modelos, y que copió de ellos los partidos que eligió del clarobscuro, lo cual se manifiesta más particularmente en los niños que juegan con el yelmo de San Jorge, porque haciéndoles

41

sombra el Santo, tienen todos aquellos accidentes de luz que solamente por medio de modelos se pueden observar; no siendo posible conseguir que unos niños se estén quietos todo el tiempo necesario para la observación; por lo que me confirmo en el dictamen de que Correggio antes de hacer esta obra se aplicó a modelar. En este cuadro está la Virgen sentada sobre una especie de trono o pedestal sostenido de dos muchachos fingidos de oro, y a los lados se ven los cuatro Santos Jorge, Bautista, Geminiano, y Pedro Mártir: este último en acto de interceder por los devotos. San Geminiano presenta al Niño Jesús un modelo de Iglesia, sostenido por un muchacho de belleza divina; y el Niño Jesús muestra aceptar el presente extendiendo los brazos para recibirle. La gracia y dulzura con que está pensado, dibujado y pintado el Niño no se puede explicar. Hacia la parte de adelante del cuadro está San Juan Bautista representado de una edad como de 17 o 18 años, que supongo lo hizo así Correggio para dar más gracia a la composición contraponiendo los caracteres de las figuras. Esta del San Juan se ve diseñada con una inteligencia maravillosa del desnudo. La Anatomía está bien estudiada y expresada con aquella gracia que solamente se halla en Correggio. Tiene la cabeza vuelta al pueblo, señalando con la mano derecha a Jesucristo, y parece que se le oye decir: *Ecce Agnus Dei*. Un poco más adelante, y medio vuelto de espaldas está San Jorge, figura del más bello y grandioso Estilo que se puede imaginar en un carácter heroico. Delante hay un niño que tiene en la mano la espada del Santo, y no se le ven las puntas de los pies, por suponerse que las oculta el altar.

El otro cuadro que sigue a este se conoce por el nombre de San Sebastián; y no obstante que el de San Jorge sea tan maravilloso, muchos inteligentes hallan en la composición de este algo de mejor, por acercarse más al Estilo moderno. Lo cierto es que hay pocas obras de Correggio (exceptuada la famosa Noche), que hagan tanto efecto como esta. Es probable que se hizo por algún voto de la ciudad de Módena en tiempo de peste; pero no sabemos de qué Iglesia le sacó alguno de sus Duques para ponerle en su galería. Se sabe solamente que estaba en ella mucho antes que el de San Jorge.

Representa la Virgen en una gloria entre nubes, con el Niño en los brazos, rodeada del sol, y de diversos Ángeles. En tierra están San Geminiano, San Roque y San Sebastián. El efecto que produce este cuadro es admirable, y hace ver en qué sublime grado poseía Correggio el arte del clarobscuro, y la disposición de los colores. Lo primero que sorprende al que le mira es la luz de la gloria, que efectivamente parece un sol y al mismo tiempo es de un color amarillo poco claro, que al borde del cuadro se hace más hosco. La Virgen y el Niño parece que se salen de aquel cuerpo de luz como si fuese de un fondo obscuro. Tiene la Virgen vestido rojo muy encendido, como si estuviera cubierto de laca, y el manto es azul subido. Las carnes de la Madre y del Hijo son un poco apagadas de luz: lo cual sirve infinito para el buen efecto, porque mantiene el grupo en su verdadera distancia. Los dos Ángeles que están al lado se oponen al campo claro con menos fuerza, y campean sobre nubes muy obscuras; con lo que se aumenta mucho la gracia de estos Ángeles, y de otros varios que apuntan entre las mismas nubes. De los dos Ángeles del trono el uno parece que habla con San Roque, y el otro con San Sebastián, como indicándoles que se debe recurrir a Jesús: quien con la acción de la mano da a entender que acepta la súplica.

Debajo de esta gloria hay un montecillo, cuyo color se une con el de las nubes, y no dejan más que un pequeño rompimiento, por donde se descubre un poco de país. A la parte izquierda sobre San Roque la obscuridad de las nubes y del monte hace campo a las figuras: debajo de las cuales está en el primer lugar San Geminiano, que con la capa de oro, forrada de un bellísimo verde, y con el alba blanca forma el punto principal de luz; pero como este y los demás son pequeños, traen adelante los objetos, sin perjudicar a la masa del claro de la gloria.

En la otra banda sé ve a San Sebastian en pie atado a un árbol en acto de interceder por los apestados. Está desnu-do menos la cintura; y con sus tintas une una maravillosamente la parte inferior a la superior de la composición. Al lado de San Geminiano está San Roque sentado, apoyando el brazo derecho y la cabeza al monte, como abandonado, y enfermo de peste. En la parte que cae sobre este Santo hacen sombra las nubes; pero todas con luz reflejada, como corresponde a cualquier sombra en campo abierto. Este accidente contribuye infinito al reposo de la vista y a la variedad, contraponiéndose al San Sebastián, que está iluminado en lo alto del pecho y espaldas, y el San Roque en los muslos solamente; con lo que se quita la uniformidad. A los pies de San Geminiano hay una muchacha de doce a trece años de edad, que tiene en las manos un pequeño edificio con su campanario, como una Iglesia, significando, según algunos piensan, la ciudad dé Módena, de quien el Santo es protector; y en esta figura se ve toda la gracia de que Correggio era capaz. Es de notar que los Ángeles de este cuadro no tienen alas.

En la misma galería se halla el célebre cuadro de la Magdalena penitente, de menos de un palmo y medio de largo, y poco más de alto. Esta sola figura encierra todas las bellezas que se pueden imaginar en Pintura, por el cuidado con que está hecha, por el empasto de color, morbideza, gracia e inteligencia de clarobscuro. Todo se representa obscuro y sombrío, menos la parte desnuda de la Santa. La cabeza es de media tinta, pero iluminada de la luz que reflejan el brazo y un libro en que está leyendo. El campo, aunque obscuro, es igualmente bello, y finge un sitio espacioso, como el fondo de una gruta, y de un valle con arbolitos y yerbas. En suma, si los otros cuadros de Correggio son excelentes, este es maravilloso. Los cabellos de la Santa, además de la gran suavidad con que están pintados, que parece se han derretido los colores para hacerlos, dan idea tan perfecta de lo que son como si estuviesen hechos uno a uno, y tienen además el lustre que los naturales. En la compra fue estimado este cuadro en veinte y siete mil escudos Romanos.

El sexto y último de los cuadros que compró el Rey de Polonia es el más célebre de todos, conocido en el mundo por la *Noche* de Correggio, que representa el Nacimiento de nuestro Señor. Le hizo Correggio para Alberto Pratonieri, como consta de la escritura que con él otorgó el año 1522, que fue cuando finalizó la cúpula de San Juan de Parma; pero no le dio concluido hasta el año 1527. Tal vez este retardo le sirvió para estudiar más y más los efectos del clarobscuro, queriendo hacer que naciese la luz del solo punto del Niño; cosa que hasta entonces solamente Rafael había imaginado: y no me admiraría que con este estudio, y con modelar toda la composición, hallase entonces, además del bello clarobscuro, aquellos maravillosos escorzos que después practicó en la celebrada cúpula de la Catedral de Parma, que fue su última y más gloriosa obra.

Este cuadro de la Noche se halla en dicha galería de Dresde muy bien conservado; y es de aquellas pinturas que mueven el corazón de quienes las miran, sean inteligentes o ignorantes; pero mucho más el de los primeros. La imitación de la verdad se admira ejecutada con tanto artificio, que no queda la menor idea de sequedad; y el arte está tan oculto, que parece se hizo todo con suma facilidad. La Composición es sencilla; pero oculta un arte singular, mostrando en espacio muy pequeño un campo muy grande, con tal distancia que parece verse verdaderamente un sitio hórrido y miserable, pero ador- nado con un horizonte en que se ve amanecer, y alegra todo lo demás. A lo lejos hay algunos pastores que apenas se distinguen; y entre ellos y la Virgen está San José en acto de apartar el jumento; cuya figura engrandece el sitio, haciendo ver la distancia que hay desde allí a la Virgen, y por la otra parte hasta los pastores. La situación de la Virgen parece a primera vista que pedía haberse escogido mejor, porque tiene la cabeza inclinada hacia el Niño, de manera que no se ve toda la cara; pero considerándolo bien, se conoce que no era posible imaginar mejor parti- do, sin quitar mucha parte de la gracia. Correggio inclinó aquella cabeza para evitar que la luz que viene de abajo produjese sombras en las partes de arriba, lo cual afearía la hermosura de la cara. El Niño también está colocado con una industria particular, porque se mira de soslayo, de modo que apenas se le ve la cara, y sí las manos y los pies. Yo juzgo que lo hizo así Correggio por huir de expresar la forma natural de los niños recién nacidos, que es poco grata para los que no están acostumbrados a verlos; y esto nos debe servir de ejemplo para excusar de hacer lo que no es bello en la naturaleza, y sin alterar la verdad, hacer bello lo que no lo es en sí. Tal vez por la misma razón casi ocultó la cara de un pastor viejo que está en el primer plano, poniendo delante la de otro pastor joven hermoso, que con un movimiento lleno de alegría parece que habla del suceso con él.

Una pastorcita, que en un cestillo tiene dos tórtolas, muestra que no se harta de ver al Niño Jesús, y parece que acaba de despertar, y que se cubre la cara con la mano para repararse del resplandor. En lo alto del cuadro, al lado opuesto de la Virgen hay una gloria con Ángeles iluminados igualmente por el Niño, donde Correggio puso la segunda luz; pero no tan perfecta como la de la Virgen, e hizo las sombras muy suaves, como que son reflejas, o como si estuviesen dichos Ángeles envueltos en una especie de masa de luz, tal vez queriendo dar a entender que son espíritus. La belleza, gracia, y acabado de este cuadro son admirables, y todas las cosas están ejecutadas con maneras diferentes, según conviene a cada una.

En la colección de pinturas del Conde de Brill, que fue primer Ministro del sobredicho Rey de Polonia Augusto

III, hay un cuadro pequeño de poco más de un palmo de alto, y un poco menos de ancho, que representa los desposorios de Santa Catalina. Está pintado en tela encolada sobre una tabla, y detrás había escrito de letra antigua: *Laus Deo. Per Donna Metilde d'Este. Antonio Lieto da Correggio fece il presente quadretto per sua divozione anno 1517*. Si la inscripción es verdadera, será ésta una de las primeras obras del segundo Estilo de Correggio. Lo cierto es que es bellísima.

Entre los cuadros que fueron de los Duques de Parma, y están actualmente en Capodimonte en Nápoles, hay uno en todo semejante al sobredicho de Santa Catalina del Conde de Brill, y no se puede dudar sean ambos de Correggio, porque entre las infinitas copias que diversos grandes Pintores han hecho de ellos, y entre otros Aníbal Carracci, no hay ninguna que ni aun se acerque al original. Esta pintura debió ser muy estimada desde su principio, porque la grabó Hugo de Carpi, que fue casi contemporáneo de Correggio.

Volviendo a la galería de Sajonia, hay también en ella un cuadro de la Virgen de media figura con el Niño durmiendo en los brazos, el cual fue grabado por el célebre Eidelink creyéndole de Correggio; pero se sabe de cierto que hizo esta obra Sebastián Rici, Veneciano, con designio de hacerla pasar por de Correggio, pretendiendo imitar su manera, y dándola cierto rancio o pátina a fin de que pareciese antigua. Pero solo con examinar cuidadosamente la estampa, se descubre la impostura, pues en vez de gracia no hay más que afectación, y en el clarobscuro falsedad.

Otro cuadro hay igualmente en dicha galería, que asegura el que le grabó en Roma ser original de Correggio. Representa a la Virgen con el Niño, sentada al pie de una palma, y un Ángel en el aire, y es conocido por el nombre de la *Gitanilla de Correggio*. La regaló al Rey Augusto el Cardenal Alexandro Albani. Con todo eso hay quien duda que este cuadro sea original; y se sabe de cierto, que otro del mismo asunto, que seguramente es de Correggio, existió en la galería de Parma, y hoy en Capodimonte; pero hallándose muy maltratado, le repintaron modernamente, de manera que se puede decir que ya no existe; porque en él nada de lo que se ve ahora es de Correggio.

También en Florencia hay algunas obras suyas. La mayor se conserva en el Palacio Pitti, y parece haber servido de cuadro de altar. Está pintado en tabla, y las figuras son casi de grandeza natural. Representa la Virgen con el Niño en los brazos, el cual tiene el globo del mundo en la mano, y San Cristóbal en acto de quererle recibir sobre los hombros. A los pies de la Virgen está San Juan Bautista; y al lado opuesto a San Cristóbal hay un San Miguel. Este cuadro ha pasado siempre por de Correggio;

pero es también cierto que en él se nota un estilo particular, que se parece poco al de las bellas obras de este insigne autor; no obstante que en la composición hay algo de su manera. Si alguno quiere sostener que esta obra es de Correggio, será preciso confiese que no es obra acabada; porque hay en ella muchas cosas ásperas, y ninguna delicadeza. A mí me parece, no obstante, que esto no puede ser, porque veo en él ciertas cosas que los Pintores no suelen hacer sino al concluir los cuadros; por lo que se podría conjeturar que Correggio dejó esta obra imperfecta, y que la acabó algún otro Pintor; o que si la concluyó él mismo, quiso imitar la escuela Veneciana. No faltaran gentes que defiendan resueltamente que este cuadro no es de Correggio; pero yo no me atrevo a determinar quién habrá podido hacer muchas cosas bellas que tiene.

En la misma galería hay una cabeza pintada en tabla, que es hermosísima; y aunque al parecer no es más que un primer bosquejo, tiene sin embargo tan bello empasto de color, que no deja que desear. Esta cabeza es semejante en todo a la de aquella figura de muchacha que tiene un modelo de Iglesia en las manos a los pies de San Geminiano en el cuadro de San Sebastián que está en Dresde.

El Gran Duque de Toscana posee asimismo otro cuadro en tela de cinco palmos de alto, que representa la Virgen de rodillas, con el Niño recién nacido en tierra sobre un pedazo del vestido, y sin ninguna otra figura. No es esta de las más bellas obras de Correggio, porque la composición y el vestido son muy poco estudiados. La cabeza y las manos de la Virgen están pintadas y coloridas maravillosamente; pero con menos fuerza que las demás obras clásicas de este autor.

En Roma, en la galería de la Casa Colonna, se conserva un cuadro de Correggio en tabla, que representa un *Ecce homo*, con la Virgen que se desmaya detrás de un soldado, y a lo lejos Pilatos: todas medias figuras. Este cuadro filé del Conde Prati de Parma, y parece de la segunda manera, antes que deja última y más estudiada; pero sin embargo es bellísimo, de buen carácter de diseño, de un empasto singular, y de bello colorido. Le grabó Agustín Carracci.

En el palacio del Príncipe Doria Pamphili en Roma se conserva, entre otros excelentes cuadros, uno sin acabar de Correggio pintado a temple sobre tela, cuya composición es la Virtud heroica coronada por la Gloria, como he descrito tratando de los cuadros de Francia. Si esta obra no manifiesta la última perfección de las otras más excelentes que pintó Correggio al óleo, a lo menos declara su gran saber, su particular mérito, su prontitud en obrar, y que la Gracia y excelencia suya no provienen del mucho tiempo que ponía en sus obras, ni del multiplicado empasto de los colores, sino del gran fundamento con que tenía siempre presentes los efectos de la verdad: como se ve en este cuadro, que sin embargo de no estar en algunas partes más que bosquejado de blanco y negro muy ligeramente, hay ya en él la Gracia de las cosas acabadas con toda la inteligencia que requieren. En otras partes, donde hay un poco de color, se ve la idea de la verdad; y sobre todo sorprende la grande inteligencia de los escorzos, en particular en aquellas partes donde algún músculo o carne hace eminencia; porque entonces va ocultando grado por grado las otras partes sucesivas, poniendo claro el laberinto de las formas, que es cosa tan difícil; de suerte, que habiendo tantos otros cuadros más bellos y acabados que este, en ninguno se conoce mejor el mérito prodigioso de Correggio.

La Casa Barberini poseyó antiguamente un cuadro pequeño, que representa aquel paso del Evangelio de San Marcos donde dice, que *un cierto joven seguía a Jesús envuelto con una vestidura de lienzo sobre las carnes, y le detuvieron; pero él, dejando la vestidura, huyó desnudo.* Dicen que este cuadro de mano en mano fue a parar a Inglaterra; pero posteriormente hemos visto en Roma otro parecidísimo a él en poder de un Inglés. La sola diferencia que hay es que este último está pintado en tela, y parece el estudio o bosquejo del otro, porque se conocen algunas correcciones; cosa que rara vez se halla en los cuadros de Correggio. Sin embargo, la figura del joven está muy bien acabada, y tiene bellísimo empasto y colorido; y es singular sobre todo su expresión, y el modo con que procura desenvolverse de la vestidura. El soldado que le quiere prender le tiene asido por ella con la mano derecha, y con la izquierda hace la acción de llamarle, más que no de prenderle; y parece que le quiere persuadir amorosamente que no huya; cuya expresión demuestra el carácter de Correggio, que escogía siempre las acciones menos ásperas y violentas. A lo lejos se ve la prisión de Cristo en el acto de besarle Judas, y San Pedro que corta la oreja a Maleo. El clarobscuro y la perspectiva de este cuadrito son los que usaba Correggio en su mejor Estilo; pero lo más singular que hay en él es que se conoce claro que tuvo presente la figura del hijo mayor de Laocoonte cuando hizo la de este joven; pues la cabeza y todo el carácter de la persona son semejantísimos; solamente las formas son un poco más grandiosas, según el Estilo propio suyo.

En San Luis de los Franceses en Roma hay un cuadrito pequeño de palmo y medio, que se dice ser de Correggio, y representa a la Virgen de media figura, con el Niño entero, San Joseph y dos Ángeles; pero a mí me parece obra de Julio Cesar Procacini. Pocos años hace que se halló en Roma en poder de un revendedor de cuadros uno que representaba la Virgen con el Niño y un Angelito, semejante en todo a una estampa grabada por Spier; con la sola diferencia de que esta es redonda, y el cuadro cuadrilongo. Le habían dado un barniz muy fuerte que le oscurecía mucho, y ocultaba la belleza de la pintura, por lo que fue vendido en poquísimo precio a un cierto Casanova Veneciano, el cual le limpió bastante bien; pero no pudo remediar que no padeciese algo la parte del color que se había pegado más al barniz. El poseedor de este cuadro le llevó a vender a Dresde, donde probablemente estará.

El Rey de España posee dos cuadros de Correggio. El más excelente de ellos representa a Jesucristo orando en el Huerto, con un Ángel en lo alto, que con la diestra le muestra la cruz y corona de espinas que están en tierra a la sombra, y apenas se ven; y con la izquierda, puesta en un gracioso escorzo, señala al cielo, como diciendo que es voluntad del Padre que acepte la pasión; y de hecho se ve que Cristo, con la acción de los brazos abiertos, muestra que la acepta. Lo más singular de este cuadro, sobre lo excelente de la ejecución de la pintura, es el modo con que manejó el Clarobscuro; pues figuró que Cristo recibe la luz del cielo, y al contrario el Ángel la recibe de Cristo. A lo lejos, y en un lugar más bazo, hay tres Discípulos en las más bellas posturas: y más allá se ve la turba de los ministros del prendimiento. Se cuenta que Correggio dio este cuadro a su boticario en pago de una deuda de cuatro escudos: después se vendió por 500; y finalmente el Conde Pirro Visconti le vendió por 750 doblones de oro al Marqués de Camarena, Gobernador de Milán, que le compró por comisión de Felipe IV. Actualmente se conserva en el Palacio Real de Madrid con la estimación que se merece; y no ha padecido nada, como alguno ha supuesto falsamente.

El segundo cuadro representa la Virgen que viste al Niño, y es de un Estilo menos acabado; pero sin embargo muy hermoso, y de un empasto y ternura maravillosa. Está a lo lejos San José acepillando una tabla, tan bien degradado en los contornos, que muestra, sin dejar duda, que Correggio es el mayor maestro que se conoce en aquella parte de inteligencia de la Pintura que se llama perspectiva aérea: pues las cosas que quiso figurar que se ven de lejos, no solamente las hizo más ligeras de sombras, como lo practican también hoy los Pintores, sino que menguó asimismo las luces, aligeró los contornos, y confundió las formas a medida de la distancia; todo sin apartarse de los límites de la verdad.

El Duque de Alba tiene un cuadro de Correggio con figuras poco menos del natural pintado en tela, y representa a Mercurio, que enseña a leer a Cupido en presencia de Venus. En esta última figura hay la particularidad de tener alas, y el arco en la mano izquierda. Es cuadro bellísimo, y se conoce que Correggio al hacerle tuvo presente el Apolino de la Villa Médicis que hoy está en Florencia. El Cupido expresa toda la inocencia de su edad, y tiene el pelo rizado, trabajado tan maravillosamente, que parece se ve la cutis por entremedio de los cabellos: los cuales están muy acabados, sin pecar en secos. Las alas son como las de las aves recién nacidas, que dejan ver todavía la piel y los cañones de las plumas. En todas las ocasiones que Correggio pintó alas las pegó con la misma maestría que en este cuadro, poniéndolas inmediatamente detrás del hombro, de modo que se unen tan bien con la carne, que efectivamente parecen un miembro unido a la parte superior del acromion; por lo que tuvo razón para decirme una vez el difunto Duque poseedor del cuadro, que las alas de aquel Cupido estaban tan bien puestas, que si fuese posible que un niño naciese con alas, no las podría tener de otra manera. Por lo regular otros Pintores han hecho las alas de suerte que no dejan duda de que son cosa postiza. Mercurio está representado joven, sin haber acabado de crecer, y es de carácter sencillo. Este cuadro no se puede dudar que sea original, porque sobre la superior excelencia de Correggio que demuestra, hay una enmienda muy notable en el brazo del Mercurio, que la cubría un paño azul, y se distingue ahora, por haber saltado el color de encima. Digo esta circunstancia, porque en Francia hay otro cuadro semejante, el cual será una copia, o tal vez un duplicado. Este del Duque le compró uno de sus ascendientes en Londres, con un juego de los famosos tapices de Rafael, en la almoneda de los muebles del infeliz Rey Carlos I, después que fue degollado.

En la sacristía grande del Escorial se conserva un cuadro pintado en tela con las figuras de tres palmos de altura, que representa a Cristo con la Magdalena, cuando la dice *noli me tangere*; y es del mismo idéntico Estilo que el otro de la Virgen y el Niño que está en Florencia, de que hemos hablado arriba.

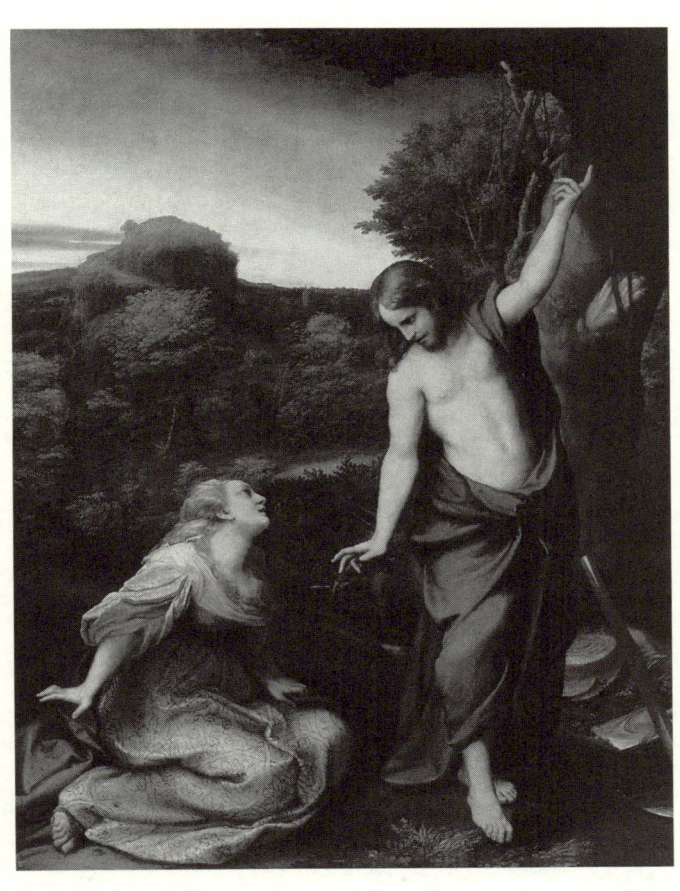

Noli me tangere, c. 1525
Museo del Prado

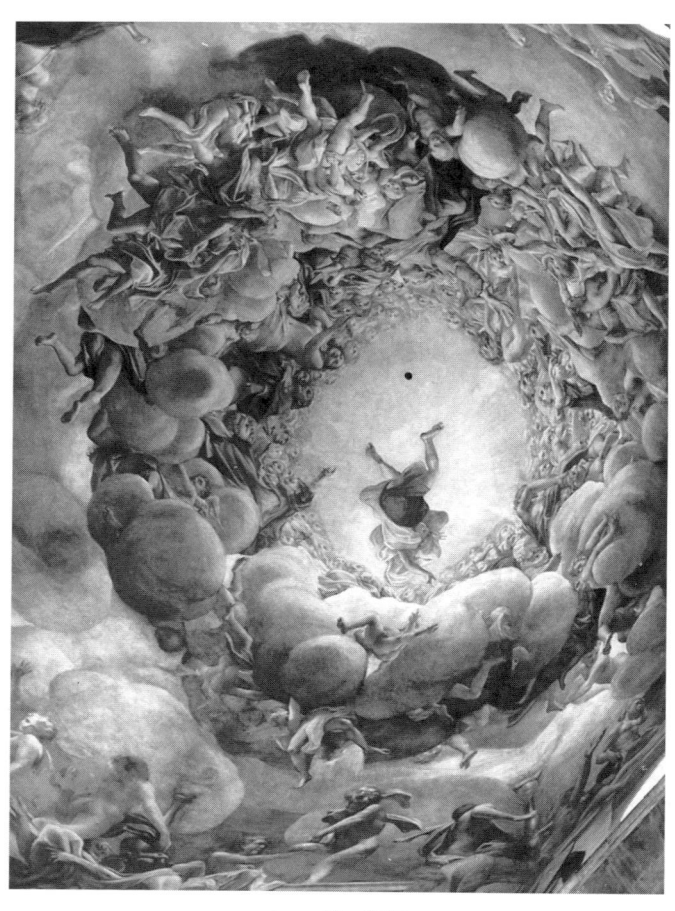

Asunción, 1526
Catedral de Parma

REFLEXIONES
SOBRE LAS EXCELENCIAS DE CORREGGIO

Habiendo vencido la mayor dificultad del arte, que es la imitación de la simple verdad, algunos hábiles profesores, como Masacio, Juan Bellini, y Andrés Mantegna, los cuales hallaron el modo de expresar los diferentes planos y escorzos, esto es, lo que en términos facultativos llaman los Italianos *avanti-indietro*, los que vinieron después, como Leonardo de Vinci, Pedro Perugino, Guirlandaio, y Fray Bartolomé de San Marcos, hallaron menos dificultad para añadir, los dos primeros una cierta Gracia, el tercero un poco más de arte en la Composición, y el último una majestad y arte en el Clarobscuro y en los ropajes que no se había conocido hasta entonces. Pero como ninguna cosa en este mundo se inventa y perfecciona a un mismo tiempo, no pudieron los sobredichos conseguir aquella facilidad que es la segura señal de poseer la perfección del arte: a la cual llegaron después en diferentes grados Miguel Ángel, Ticiano, Giorgione, y el divino Rafael, que juntó en sí solo todo el mérito que sus predecesores habían poseído en partes separadas, y redujo la Pintura al mayor grado de perfección bajo apariencia de facilidad. Hace honor al género humano un ingenio semejante, que con tan viles instrumentos como son simples tierras desleídas, y extendidas sobre una superficie lisa, sabe imitar todas las obras del Creador, y los afectos y pasiones de los hombres.

No obstante, pues, que en aquel tiempo había llegado la Pintura a tan eminente grado con las terribles formas de Miguel Ángel, con los verdaderos tonos de los colores de Ticiano, y con la perfecta expresión, y cierta gracia natural de Rafael, todavía faltaba alguna cosa a esta arte, y era el conjunto de diversas excelencias que forma el extremo de la humana perfección. Este conjunto se halla en Correggio; porque a lo grandioso y a lo verdadero unió cierta elegancia, que es lo que hoy entendemos por el nombre de *Gusto*, el cual significa el propio y determinado carácter de las cosas, y excluye todas las partes indiferentes como insípidas e inútiles.

Correggio fue el primero que pintó con deseo de deleitar la vista y el ánimo de los espectadores, y dispuso todas las partes del arte dirigiéndolas a este fin: y como todo Pintor en sus obras procura contentarse a sí mismo, y retrata en ellas su genio, se puede conjeturar que Correggio fue de una sensibilidad muy delicada, de un corazón muy tierno y amoroso, y que le repugnaban mucho las cosas ásperas y duras; de suerte que si los demás artífices habían pintado para satisfacer a sus entendimientos, él trabajaba solamente para satisfacer a su corazón, y según las sensaciones propias; y así consiguió en todo ser el Pintor de las Gracias. Ninguno antes ni después ha conseguido manejar los pinceles mejor que él; y particularmente ha sido inimitable en la inteligencia del clarobscuro, y en dar relieve a las cosas; habiendo hallado felizmente el medio entre el Estilo fuerte o tétrico, y el agradable o suave: entre el espacioso, que fácilmente degenera en chato y poco realzado, y el que estrecha demasiado las luces, y da en menudencias. Ninguno finalmente ha sabido como él unir las sombras y las luces, ni ha entendido la degradación de estas, ni su reflejo en las sombras sin afectación, pues las empleaba como si los cuerpos fuesen espejos, o de cristal.

Las invenciones de Correggio son ingeniosas y bellas, y muchas veces poéticas; y sus composiciones fundadas siempre en la verdad, y en el buen efecto del clarobscuro; de manera que desde las primeras líneas comenzaba a introducirle con los colores, atendiendo no solamente a la imitación de la verdad, sino a la distribución de todas las partes que debían entrar en su obra. A este fin creo yo que hacia sus estudios coloridos; teniendo por mira principal la apariencia que hace un cuadro a primera vista; pues las demás partes de la pintura pueden convencer, pero no persuadir de la bondad de la obra cuando no agrada. Parece que no cuidaba mucho de ciertas reglas prácticas que usan las escuelas modernas; bien que observaba puntualmente todo lo que mira a la contraposición y contraste de las figuras y de sus miembros; de manera que al parecer la variedad continua era su regla fundamental, que observaba, no solamente en esta o en otra parte, sino en todas.

En cuanto al contraste y a la variedad de las direcciones de los miembros, se ve por sus obras más perfectas, que siempre que podía daba un poco de escorzo a dichos miembros; y rara vez los hacia paralelos a la superficie, con lo cual dio maravilloso movimiento a todas sus composiciones. Sin embargo, es preciso confesar que alguna vez (aunque rara) por buscar con demasiado cuidado la variedad de las situaciones, particularmente en las de las manos, dio en cierta afectación de gracia que parece salir del natural: cosa en que jamas incurrió Rafael.

Algunos han tachado a Correggio de poco exacto en el dibujo; pero esto no es verdad rigurosamente hablando, y solamente se debe decir, que no escogía los objetos de formas tan simples como los antiguos, ni músculos tan señalados como Miguel Ángel, y que nunca hizo alarde de la inteligencia del desnudo como la escuela Florentina. Fuera de esto, es seguro que dibujaba correctísimamente aquellos objetos que había escogido para representarlos; y en ninguna de sus obras originales se halla cosa en que poderle reprehender de descorrección. Sobre todo bastará para eterna gloria suya que los Carraccis, y particularmente Ludovico y Aníbal, formaron su Estilo de dibujo por el de Correggio, como se puede ver en todas las obras que hicieron antes de venir a Roma.

Parece que Correggio consideraba todas las formas de la Naturaleza, que no están alteradas por el artificio, como si fuesen compuestas de líneas curvas, cóncavas o convexas, variando solamente en su magnitud y proporción; por lo que huía de todo lo que era ángulo, y por consiguiente de las menudencias y secaturas en que ordinariamente caían los Pintores de las escuelas anteriores. Huyendo, pues, de las líneas rectas, elegía en casi todos los casos las curvas a derecha y a izquierda, como hace la letra *S*; y con esto creía dar mayor Gracia, sin duda por haber observado que la diferencia entre el Estilo seco, y el bellísimo del Antiguo, consiste principalmente en que los contornos y formas del primero se componen de líneas rectas, y algunas curvas y convexas; y en el segundo hay solamente variedad de curvas. Esto no lo hacían los antiguos por capricho, ni por predilección de Gusto, sino por imitación juiciosa de la verdad, y por inteligencia de la Anatomía, y de la estructura del cuerpo humano, donde la oblicuidad de los músculos, y la variedad de su posición sobre la tortuosidad de los huesos, forma aquella alternativa de curvas: y como los cuerpos carnosos y musculosos tienen siempre más formas convexas, y estas mayores que las cóncavas; y al contrario, los flacos tienen menor convexidad, y la concavidad mayor; por eso Correggio prefería el camino del medio, sin apartarse no obstante de la verdad.

No es fácil determinar si la inteligencia del clarobscuro, y la imitación de la verdad en esta parte, condujeron a Correggio a la inteligencia de las formas y de los contornos, y a lo que se encierra en ellos; o si por otro camino o estudio de esta principal parte de la Pintura consiguió aquella perfección que vemos en sus obras. Lo cierto es que después de Rafael ninguno entendió mejor que él la perspectiva, que tanto contribuye al diseño del desnudo; y que si no es Miguel Ángel, nadie supo como Correggio la ciencia de las formas, y la construcción de la figura humana. Es tan inseparable el clarobscuro del diseño, que el uno sin el otro no pueden ser perfectos; pues el diseño falto de clarobscuro no puede representar más que una especie de sección paralela a la superficie sobre que se pinta; y nunca llegará a expresar la verdadera forma de la cosa. Correggio supo unir estas dos cualidades con tanta perfección, que se ven juntas en sus obras como en la verdad; y parece imposible que haya podido aprender esto con tanta perfección sin haber estudiado mucho el relieve y la Escultura; pues la pura verdad, sin los referidos estudios, no basta para enseñar una cosa tan difícil. Sabemos que Miguel Ángel las figuras que había de pintar las modelaba antes con tierra o con cera, como él mismo refiere en una carta a Varchi; y así no hubo Pintor antes de él que se atreviese a usar los escorzos, y las entradas y salidas de los músculos y formas que hay del centro a la circunferencia, como él los usó. Con que si el modelar enseñó a Buonarroti aquel Estilo que es propio suyo, no será extraño que la inteligencia de los bellos contornos, y el Estilo grandioso de Correggio vengan del mismo origen, esto es, del estudio del relieve, y de modelar las figuras: y así sabemos que ejercitó la plástica.

Además de la parte del clarobscuro que pertenece a la expresión de las formas, fue también Correggio superior a todos los demás Pintores en el clarobscuro general, esto es, en la disposición de las luces y sombras; pues aquella misma degradación que usaba en una parte, o en una figura, la usaba también en un cuadro entero, distribuyendo de tal manera los claros, que no hay más de uno principal, uno segundo, y así de los demás: y lo propio se ve en sus sombras, porque en ellas todo es variedad, ya sea en la fuerza, o en la grandeza; y muchas veces solamente por la cualidad de los colores de que se componen. Manejaba las oposiciones con suavidad, y nunca ponía los mayores claros en contraposición de los mayores obscuros, sin poner entremedio alguna cosa que quitase la aspereza, o colocando al lado alguna sombra mayor. Además de esto consideró que los cuerpos son de tal naturaleza, que no detienen todos los rayos de la luz que reciben, y que despiden o reflejan la mayor parte por todos lados, según la figura de la superficie; por cuya razón necesariamente se deben confundir las pequeñas sombras que hay en la masa de los cuerpos iluminados.

Entendía Correggio maravillosamente la perspectiva aérea del clarobscuro y de los colores; pero sin la afectación de algunos Pintores más modernos; y no solamente entendía la degradación de las tintas, sino que había observado, que si en la naturaleza las sombras pierden su fuerza en las distancias, mucho más la pierden las luces; y que las cosas pequeñas son las primeras que se confunden: de donde infirió, que los contornos se enflaquecen y pierden a poquísima distancia, acabando en puros puntos los últimos términos de los cuerpos, los cuales nunca se ven perfectamente. En cuanto a los colores sabía muy bien los que perdían más o menos de su actividad en el ambiente intermedio. En suma, poseía perfectamente aquel arte con que la Pintura sabe engañar los sentidos, y deleitarlos suavemente.

Su colorido es bellísimo; pero comparece aún mejor de lo que es por la perfecta degradación de las tintas, y el gustoso, amoroso y empastado modo de pintar: lo cual añade a los simples colores un cierto lustre que en solo Correggio se halla; de suerte que en sus obras no se puede decir qué cosa es más excelente, o la inteligencia de las formas, o el colorido, o el clarobscuro, o el modo de extender los colores: pues quien considera bien estas partes en particular halla que era igualmente maestro en cada una de ellas, y que en todas había hecho las más profundas reflexiones. ¡Qué ímprobo estudio no es menester para poseer tan difícil arte, y formarse un hábito de obrar con tanta excelencia!

Es cierto que el que posee con perfección mayor número de partes de la Pintura es el más excelente en ella, y también lo es que Rafael y Correggio son por esta razón los dos mayores Pintores; y este en especial llegó a reunir y expresar en un solo punto todos los efectos aparentes y agradables de la Naturaleza. Es verdad que Ticiano fue tan gran maestro en el colorido, que por sus tintas merece el primer lugar en esta parte; pero no poseyó aquella perfecta degradación que expresa las más delicadas y cuasi insensibles formas: lo cual contribuye mucho a la imitación de la verdad, y tal vez más que no el mismo colorido; y así vemos que muchas obras de Correggio hechas a fresco con un tono de tinta bajo y pálido, enamoran no obstante al que las mira, trasportándole de la idea de lo fingido a la de la verdad, que es el fin primario que se debe proponer todo Pintor.

Corregio fue el primero que hizo entrar los ropajes en la idea de la composición, tanto para el efecto del clarobscuro, color y armonía, como para la dirección y contraste. Puso menos cuidado en cada pliegue particular, que no en las masas de los ropajes; con lo que abrió un nuevo camino para disponer bien las vestiduras en las obras grandes: y en esto le imitó harto bien Lanfranco, y después algunos otros más o menos.

He dicho que Corregio poseyó unidas varias partes de la Pintura, de aquellas que cada una de por sí ha hecho ilustre a un Pintor, como la verdad y gracia de Rafael, lo risueño de Leonardo, el empasto de Giorgione, y el colorido de Ticiano; pero confieso que en el particular de cada una de estas cosas fue menos excelente que ellos. Supo sin embargo juntarlas todas como están en la Naturaleza, y con su índole modesta y suave, templar las que son más violentas, y combinarlas con su entendimiento filosófico; de suerte que cuanto los otros quisieron exprimir separadamente, tanto quiso él ver junto, y lo consiguió.

Esto no obstante, por grande que yo considere a Corregio, no quiero decir que sea mayor que Rafael; pues aunque las pinturas de aquel sean más iguales en la ejecución, y más exquisitas, con todo eso no poseyó en tan alto grado de excelencia como Rafael la expresión de las pasiones del ánimo, que es lo que realmente da la mayor nobleza a la Pintura, y la iguala con la Retórica y con la Poesía en la impresión que estas hacen en el ánimo de los hombres. Rafael, pues, pintaba con más excelencia los afectos del alma, y Correggio los efectos de los cuerpos. Mirando un cuadro de Rafael se entiende más de lo que se ve; y en uno de Correggio ven más los ojos que no comprehende el entendimiento, y los sentidos quedan suspensos, y encantado el corazón. Correggio, en fin, parece el Pintor de las Gracias.

Si Rafael es superior a Correggio en algo, este lo es mucho más a todos los otros que han venido después. Hasta él creció siempre la Pintura, y él la completó. Fue el mediodía del arte; y desde aquel punto ha ido siempre menguando, sin que sepamos cómo poderla restablecer, y mucho menos aumentar, a no ser que venga algún grande ingenio que sepa unir las bellezas del Antiguo, las de Rafael, Correggio y Ticiano con las de la verdad de la Naturaleza.

Las noticias que tenemos de la vida del grande y gracioso Correggio son muy pocas, confusas, y se contradicen entre sí. Los Literatos y los Pintores que han escrito vidas de artífices no le han hecho aquella justicia que merecía; pues era digno de que alguno se tomase el trabajo de informarse bien de las circunstancias de un hombre a quien la noble arte de la Pintura debe tanto. Este descuido no solamente es una injusticia a su memoria, sino una gran pérdida para nosotros; porque no hay cosa que tanto estimule los ingenios a obrar bien, cuanto la historia de los hechos de los hombres grandes; y muchas veces por este medio los vicios del amor propio y de la ambición mudan naturaleza, y se convierten en virtudes. Por esto me ha parecido conveniente examinar lo mejor que he podido este fenómeno de historia pictórica, para remediar en alguna manera la injusticia con que han olvidado a Correggio, escribiendo con nimia prolijidad las vidas de otros infinitos Pintores, de los cuales ninguna instrucción ni utilidad nos puede resultar.

Es muy útil que los hombres vivan en el engaño de que el mérito es el origen de la honra y de la fortuna; pues así se empeñan a seguirle. Los accidentes sin embargo son los que por lo regular deciden de la suerte de los hombres; y la misma virtud en diversos tiempos y patrias produce diversos efectos. Antonio Alegri nació en un demasiado pequeño lugar, y fue inclinado por su talento y genio natural al amor y deseo de saber, y contrario al fasto y a la vanidad: por lo que no debió producirse en el gran mundo; y aunque se hubiese producido, su modestia le habría impedido hacer fortuna donde vale más la intriga que el mérito.

Sus obras nos prueban que mientras vivió procuró siempre perfeccionarse, porque en cada una se nota algún adelantamiento. Esta prenda de estudiar siempre solamente la tienen los que están dotados de aquella feliz humildad con que conocen lo que les falta de saber. Habiendo siempre pintado cosas graciosas, y escogido lo que más lo era, se puede inferir que su temperamento filé moderado, y su genio estudioso, modesto, tierno, amoroso y filosófico: todo lo cual conduce poco a la fortuna, a menos que los accidentes no arrastren a ella casi por fuerza. Por lo mismo debía ser casi desconocido de los poderosos y cortesanos; y por consiguiente olvidado de los sujetos que alaban solamente a los artífices que hacen mucho ruido, o que pueden fructificarles honra o provecho. Correggio, estudioso y aplicado en su retiro, viviendo además en una corte pequeña, no podía ser objeto de la historia de tales autores. A esto se añade, que habiendo nacido después de los grandes hombres que ilustraron su profesión y su siglo, debía ser mirado como Pintor joven, y discípulo de aquellos que ya gozaban de la mayor reputación; pues no habiendo podido ser muy conocido hasta la edad de treinta años, Ticiano tenía ya entonces setenta y siete, y Rafael había muerto. En suma. Correggio era el más joven de los grandes Pintores que en el tiempo florido de la Italia se habían hecho famosos. La distancia de más de dos siglos y medio que han corrido desde entonces nos hace parecer que todos ellos florecieron a un mismo tiempo.

El retiro en que, como he dicho, vivió Correggio, y el descuido de los escritores de Vidas, habrán sido causa de lo mal informado que se halló Vasari de las circunstancias de la de Correggio, y aun de las de los otros Pintores Lombardos. Yo a lo menos a esto lo quiero atribuir, y no a la envidia que muchos le atribuyen. Lo cierto es que aun en las cosas más indiferentes que tocan a Correggio, como son los asuntos y descripción de los cuadros, habla con equivocación, y no dice la verdad, como se ve en la relación que hace de los que pintó Correggio para el Duque de Mantua, y en otras muchas ocasiones. Cuando Vasari dice que Correggio tiene más mérito en la ejecución que no en el diseño, creo que no querrá dar a entender que diseñase mal, sino que por un efecto de amor propio habrá pensado que él diseñaba mejor, y le concede alguna ventaja en el pintar. La escuela Toscana difícilmente concede a ninguna otra que diseñe como ella; y por eso creo que Vasari quiso decir solamente que Correggio no diseñaba tan bien como Miguel Ángel, el héroe de su patria. Esto se confirma con lo que el mismo Vasari dice en otra parte, confesando que los diseños de Correggio *están hechos con muy buena manera, hermosura, y ejecución de maestro.* El mismo historiador se detiene solamente a alabar la excelencia con que Correggio pintaba los cabellos; y es cosa rara que a vista de tantas cosas maravillosas halle ésta sola que alabar.

También es singular que Vasari, y otros muchos, atribuyan a un don puro de Naturaleza la excelencia del arte de

Correggio. Este es un error muy grosero; pues aunque el ingenio puede mucho, nadie que reflexione podrá persuadirse que baste, sin un grande estudio, para formar un Pintor tan excelente como Correggio, el cual a la edad de treinta años se había formado un Estilo nuevo el más perfecto que se ha conocido. Miguel Ángel, que tuvo un ingenio tan grande, no sacó de su propio fondo su arte, ni con él solo habría hallado el camino de saltar los límites de aquel Estilo seco y servil que había reinado en Italia hasta entonces: sin un grande estudio, y sin la observación de las estatuas antiguas, tal vez no habría sido más que igual a un Donatelo, o a un Ghiberti. Rafael mismo nos ha dejado en sus obras las huellas de sus estudios; y sin las lecciones de Fray Bartolomé, y la vista de las obras de Miguel Ángel, y de las cosas antiguas, no tendríamos ahora sus maravillosas pinturas. Concluyo, pues, que Correggio estudió las obras y máximas del Antiguo, y de los mejores maestros, para llegar a ser el prodigioso Pintor que fue.

He dicho mi parecer sobre los motivos por qué no tenemos una fiel y circunstanciada historia de la Vida de Correggio. He dicho lo que yo sabía de ella, añadiendo las conjeturas que me han parecido más probables. He descrito sus obras con la exactitud que permite la brevedad de este papel; y he examinado el grado de mérito de este grande hombre en todas las partes del arte. No me queda que hacer ahora más que concluir asegurando que Correggio es el Apeles de los Pintores modernos; pues poseyó como aquél la suma gracia del arte, y con sus singulares obras nos ha enseñado el camino de la perfección que debemos buscar en la práctica de la Pintura, y adonde se puede llegar en el efecto, y cuando se debe dar por acabada una obra.

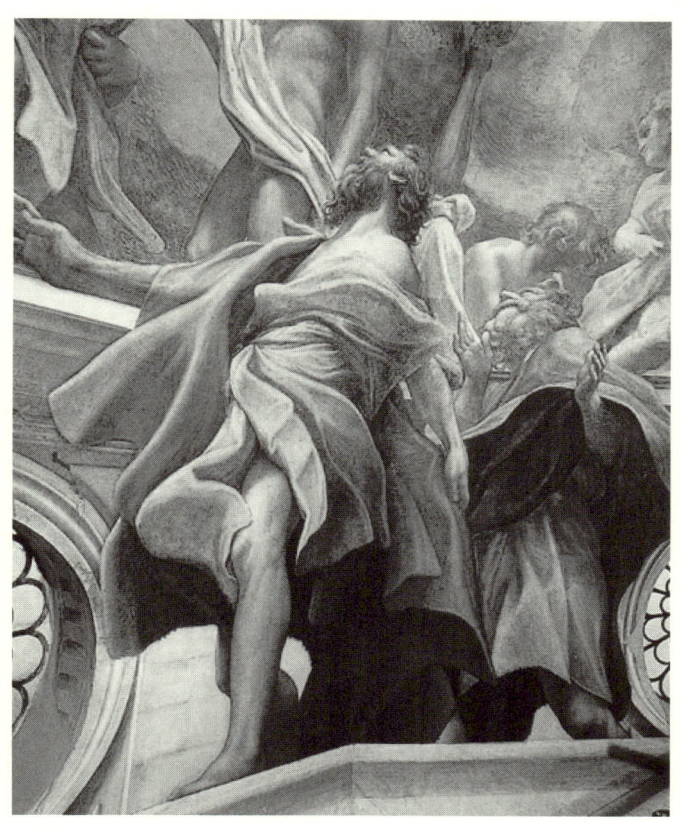

San Pedro y San Pablo (detalle de la *Asunción de la Virgen*),
1524-1530, fresco de la Catedral de Parma

Antonio Bolognini *Guido Reni*

Johann J. Winckelmann *Lo bello en el arte*

Jovellanos *Elogio de las bellas artes*

Ceán Bermúdez *Murillo y Mengs*

Fco de Holanda *Palabra de Miguel Ángel*

Giovanni Baglione *Vida de Caravaggio*

Fernando Arrabal *El Greco*

Roland Barthes *Arcimboldo*

William Blake *Invenciones*

Juan Fco Pastor Paris *Estudios sobre Fuseli*

William Hogarth *Análisis de la belleza*

Walter Patter *Watteau*

Rudolf Wittkower *El joven Rafael*

William Somerset Maughan *Zurbarán*

Walter Pater *Winckelmann*

Aldous Huxley *Goya*

Aldous Huxley *Las agallas de El Greco*

Diderot y Goethe *Ensayo sobre la pintura*

Ingres *Perpetuar la belleza*

David *La Antigüedad como patria*

www.casimirolibros.es